수학하는 어린이

수학하는 어린이

개념과 원리에 강한

❷ 도형

이광연 글 | 김성희 그림

위즈덤하우스

작가의 글

일상에서 도형의 원리를 발견하는 즐거움을 느껴 보세요!

사람들은 수학을 추상적인 학문이라고 말해요. 눈에 보이지 않는 여러 가지 사물의 공통적인 성질을 찾는 학문이기 때문이지요. 그래서 수학을 공부하면 여러 사물들 사이의 연관성을 찾고 그에 대해 생각하는 능력을 기르는 데 많은 도움이 돼요.

도형은 수학의 여러 분야 중에서도 가장 추상적인 분야예요. 우리 주변에 있는 어떤 물건을 파악할 때 물건의 색깔, 크기, 쓰임새 같은 구체적인 요소들을 생각하지 않고 오로지 물건의 형태만을 가려내어 연구하거든요. 이를테면 산이나 기와집의 지붕에서는 삼각형을 찾을 수 있고, 책상이나 버스에서는 사각형을 찾을 수 있고, 비눗방울이나 둥근 바퀴에서는 원을 찾을 수 있어요. 얼핏 보면 공통점이 없을 것 같은 여러 가지 물건에서 그 공통점만을 뽑아 추상화하여 점과 선으로 만든 도형을 생각해 내는 거예요.

수학은 최초의 개념 원리가 생기면 그 위에 좀 더 추상적인 원리를 차곡

　차곡 쌓아 이론을 바로 세우는 학문이에요. 따라서 가장 기초가 되는 개념 원리를 이해하지 못하면 더 이상의 학습이 불가능하지요. 특히 가장 추상적인 분야로 손꼽히는 도형은 그 정도가 더 심해요. 그러므로 비록 초등학생이라고 하더라도 도형은 반드시 처음부터 개념 원리를 정확하게 이해해야 돼요.

　이 책은 우리 주변에서 흔히 볼 수 있는 물건들을 통해 수학적 원리를 차근차근 깨쳐 도형에 관해 배울 수 있도록 구성되어 있어요. 이 책에 소개된 활동들을 부모님이나 친구들과 함께 해 본다면 수학 중에서도 가장 추상적인, 그래서 더 어렵게만 느껴지는 도형도 흥미롭게 느껴질 거예요.

　도형에 대한 깊이 있는 이해로 일상에서 도형의 원리를 발견하는 즐거움을 느껴 보세요.

이광연

차례

작가의 글 4

01 점에서 도형이 시작됐어요 ························· 8
02 반듯한 선이 있어요 ································ 13
03 두 직선이 만나면 각이 생겨요 ················· 18
04 직각으로 만나거나 만나지 못하거나 ········· 24
05 삼각형은 각도, 변도, 꼭짓점도 모두 셋이에요 ········· 27
06 셋 이상의 선분으로 둘러싸인 도형 ············ 32
07 사각형의 종류는 여러 가지예요 ················ 37
08 사각형을 같은 종류끼리 나누어요 ············· 40
09 도형은 서로 마주 보기도 해요 ·················· 45
10 두께를 가진 도형도 있어요 ······················ 52

11 입체도형을 펼치면 평면에 모양이 생겨요 ········· 55

12 도형은 가끔 우리 눈을 속여요 ········· 59

13 자연 속에 도형이 숨어 있어요 ········· 63

14 그림 속에 도형이 숨어 있어요 ········· 66

15 한붓그리기가 뭐예요? ········· 70

16 원래 모양과 똑같은 모양으로 나누어요 ········· 76

17 기하학은 어떻게 시작됐을까요? ········· 79

신기하고 재미있는 도형 놀이 82

부모님께 드리는 글 86

점에서 도형이 시작됐어요

점, 선, 면, 체

❓ 다음 그림을 보고 무엇인지 알아맞혀 보세요.

여러 가지 색깔로 점을 찍어 놓은 것 같다고요? 이건 우리가 매일 보는 텔레비전 화면이에요.

멋진 그림들로 가득한 텔레비전 화면이 이런 작은 점들로 가득할 리 없다고요? 그럼 텔레비전 화면에 돋보기를 대고 관찰해 보세요. 작은 점들이 일정한 간격으로 나란히 놓여 있는 걸 볼 수 있을 거예요.

점은 눈에 보이지 않을 정도로 아주아주 작아요. 크기를 거의 잴 수 없을 정도로 아주 작지요. 그런데 이렇게 작은 점들이 모이면 선이 되고, 이 선들이 모이면 면이, 면이 여러 개 모이면 입체도형이 만들어져요. 그러니 점이 없으면 선도 없고, 면도 없고, 입체도형도 없는 거예요.

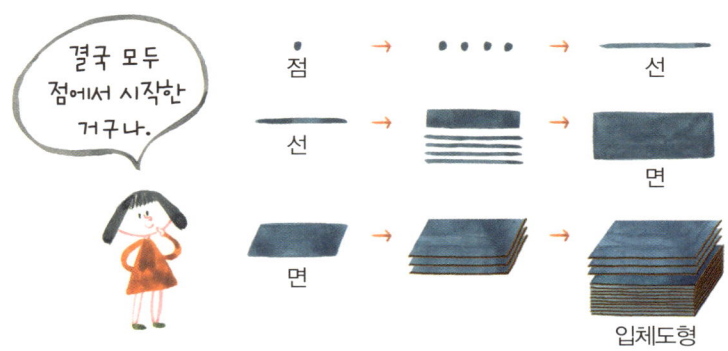

도형 나라에는 점, 선, 면, 입체도형이 살고 있어요.

도형 나라 주민들은 입체도형을 보고 "우와, 몸집도 크고 정말 멋있다."라고 하며 좋아했어요. 또한 면을 보고는 아름다운 그림을 그릴 수 있다며 좋아했고, 선을 보고는 구불구불 재미있게 생겼다며 좋아했어요. 그런데 점을 보고는 "너무 작아서 잘 보이지도 않는 네가 무슨 쓸모가 있겠어?"라고 하며 비웃었어요.

"도형 나라 사람들은 나를 좋아하지 않아. 나를 필요로 하는 다른 곳으로 떠나는 게 좋겠어."

자신이 보잘 것 없다는 생각에 슬퍼하던 점은 결국 도형 나라를 떠나고 말았어요.

다들 저렇게 멋진데 나만 이게 뭐람!

그런데 점이 떠난 다음부터 도형 나라에는 이상한 일이 벌어졌어요. 더 이상 선을 그리거나 새로운 면을 만들 수가 없었고, 입체도형도 생겨나지 않았어요. 도형 나라 주민들은 그제야 점이 모든 도형의 시작이라는 것을 깨닫고, 점이 떠날 때 붙잡지 않은 것을 땅을 치고 후회했답니다.

도형 나라 이야기에서 알 수 있듯이 선, 면, 입체도형은 작은 점들이 모여서 된 거예요. 우리도 주변에서 작은 점들이 모여서 선, 면, 입체도형이 된 경우를 찾아볼까요?

사탕을 향해 한 줄로 기어가고 있는 개미들이에요. 멀리서 보면 꼭 하나의 선으로 보이지요.

아래에 있는 그림도 한번 보세요. 이것은 프랑스의 화가 폴 시냐크가 하나하나 점을 찍어 완성한 그림이에요. 자세히 보면 여러 가지 색깔의 수없이 많은 점들이 보일 거예요.

점의 활약이 정말 대단하죠? 그러고 보면 이 세상에 작다고 무시해도 되는 건 아무것도 없어요.

02 반듯한 선이 있어요

선분과 직선

❓ 아리와 지오가 미끄럼틀을 타고 내려온 길을 선으로 그리면 어떤 모양이 될까요?

아리가 타고 내려온 왼쪽 미끄럼틀은 반듯하고, 지오가 타고 내려온 오른쪽 미끄럼틀은 구부러져 있어요. 그래서 아리와 지오가 미끄럼틀을 타고 내려온 길을 선으로 그리면 다음과 같은 모양이

돼요. 한 선은 반듯하고, 한 선은 구부러졌지요.

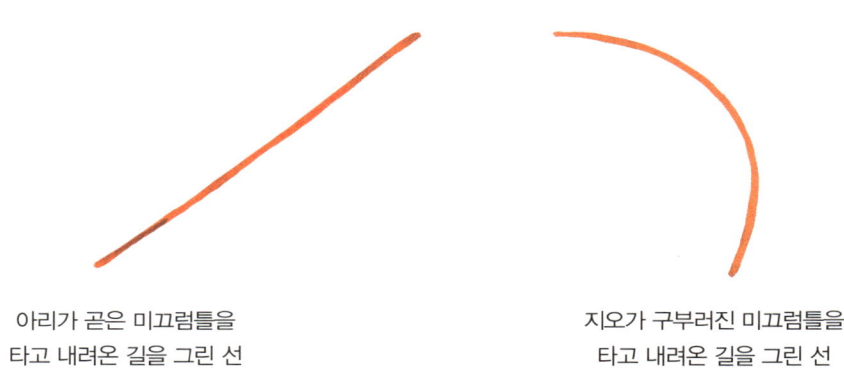

아리가 곧은 미끄럼틀을
타고 내려온 길을 그린 선

지오가 구부러진 미끄럼틀을
타고 내려온 길을 그린 선

이렇게 반듯한 선과 구부러진 선은 우리 주변에서 쉽게 찾아볼 수 있어요. 우리가 늘 다니는 주변의 길을 한번 살펴볼까요? 길에도 곧게 뻗은 길과 구불구불한 길이 있어요.

아리는 아파트에 살고, 지오는 골목길 옆 단독 주택에 살아요. 학교로 가는 길을 따라 같은 빠르기로 걷는다면 누가 더 빨리 학교에 도착할까요? 단, 학교에서 아리네 집 사이의 직선 거리와 지오네 집 사이의 직선 거리는 같아요.

　아리가 더 빨리 도착해요. 직선 거리가 같은 두 장소 사이에 곧은 길과 구불구불한 길이 있으면 곧은 길로 가는 게 더 가깝기 때문이에요. 미끄럼틀이나 길에서처럼 곧은 선과 굽은 선은 서로 다른 선이에요. 곧은 선은 선분 또는 직선이라고 하고, 굽은 선은 곡선이라고 해요.

　학교에서는 곡선보다는 직선에 대해 많이 배워요. 곡선은 길이를 정확하게 재기 힘들고, 일정한 규칙을 찾기도 어렵기 때문이에요. 그래서 여기에서도 직선에 대해서만 좀 더 알아보려고 해요.

　다음 그림과 같이 아리네 집을 ㄱ, 지오네 집을 ㄴ이라고 표시해요. 이때 두 집 사이에 곧은 길이 뻗어 있는 것처럼, 두 점을 곧게 잇는 선을 그어 보세요. 이 선을 '선분'이라고 해요. 점 ㄱ과 점 ㄴ을 이었다고 해서 '선분 ㄱㄴ' 또는 '선분 ㄴㄱ'이라고 하지요.

선분은 두 점을 곧게 이은 선이다.

이번에는 '선분 ㄱㄴ'을 양쪽으로 끝없이 늘여 보세요. 이렇게 선분을 양쪽으로 끝없이 늘인 곧은 선을 '직선'이라고 해요. 점 ㄱ과 점 ㄴ을 지나는 직선이라고 해서 '직선 ㄱㄴ' 또는 '직선 ㄴㄱ'이라고 하지요.

직선은 선분을 양쪽으로 끝없이 늘인 선이다.

즉, 선분과 직선의 차이는 끝이 있느냐 없느냐예요.

그러면 다음과 같이 3개의 점이 있을 때 선분과 직선은 각각 몇 개씩 그릴 수 있을까요?

알아보기 쉽게 왼쪽에 있는 점부터 차례대로 ㄱ, ㄴ, ㄷ이라고 표시하면 선분은 선분 ㄱㄴ, 선분 ㄴㄷ, 선분 ㄱㄷ 이렇게 되니까 총 3개 그릴 수 있어요. 그리고 직선은 직선 ㄱㄴ, 직선 ㄴㄷ, 직선 ㄱㄷ이 양쪽으로 끝없이 늘어나면 결국 같아지니까 1개 그릴 수 있어요.

03 두 직선이 만나면 각이 생겨요

각

❓ 큰 악어와 작은 악어가 자기가 입을 더 크게 벌렸다면서 싸우고 있어요. 둘 중 어느 악어가 입을 더 크게 벌렸을까요?

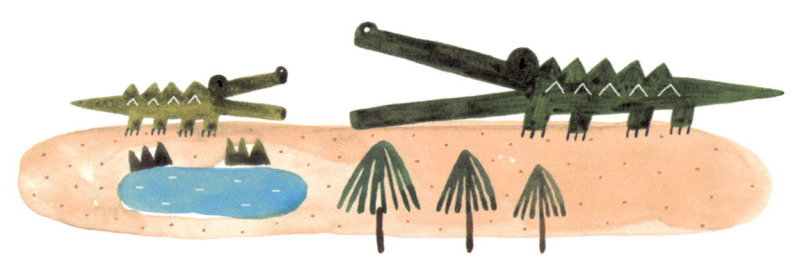

 큰 악어가 입을 더 크게 벌린 것 같죠? 아마 큰 악어의 입이 더 길어서 그렇게 보였을 거예요. 그런데 누가 입을 더 크게 벌렸는지는 입의 길이와는 전혀 상관이 없어요. 그건 각도를 재어 봐야 알 수 있는 거예요. 우리가 직접 확인해 볼까요?

두 악어가 벌린 입은 각의 크기가 똑같아요. 그런데 각이 정확히 뭘까요? 시계를 한번 보세요. 시계의 긴바늘은 빨리 움직이고 짧은 바늘은 천천히 움직이면서 두 바늘 사이의 벌어지는 정도가 커졌다 작아졌다 해요. 이때 시계의 두 바늘을 직선이라고 하면, 두 바늘 사이의 벌어진 정도를 각이라고 하는 거예요. 즉, 한 점에서 그은 두 직선으로 이루어진 도형을 '각'이라고 해요.

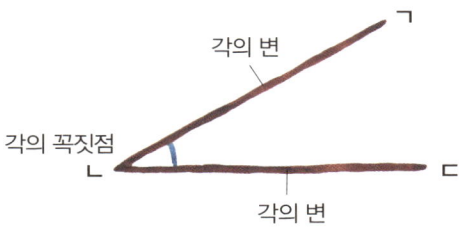

위의 그림에서 점 ㄴ을 '각의 꼭짓점'이라고 하고, 직선 ㄱㄴ과 직선 ㄴㄷ을 '각의 변'이라고 해요. 그리고 이 각을 우리는 '각 ㄱㄴㄷ' 또는 '각 ㄷㄴㄱ'이라고 해요.

악어가 큰 과일을 먹으려면 입의 두 변을 더 많이 벌려서 각을 크게 만들어야 해요. 이렇게 각은 두 변을 많이 벌릴수록 커져요.

악어 꾸꾸와 치치가 전화 통화를 해요.

"치치야, 내가 지금 입을 얼마나 크게 벌리고 말하고 있는지 알아?"

"네가 입을 얼마나 벌리고 있든지 내가 더 크게 벌리고 있을걸? 나는 우리 동네에서 벌린 입의 각이 가장 크기로 유명하거든."

치치가 우쭐대며 말했어요.

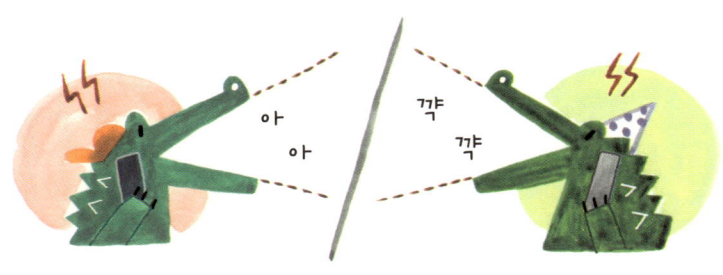

입을 직접 대볼 수 있다면 누가 입을 더 크게 벌렸는지 금방 알 수 있어요. 그런데 꾸꾸와 치치처럼 멀리 떨어져 있을 때는 어떻게 각도를 비교할 수 있을까요? 이럴 때는 각도기로 각의 크기를 재어 수로 나타내면 돼요.

각도기에는 0부터 360도까지의 각도가 표시되어 있어요. 옛날 사람들이 1년을 주기로 해마다 새로운 계절이 돌아오기까지 약 360일이 걸린다는 걸 알고, 원 한 바퀴 각의 크기를 360도라고 하기로 했기 때문이에요.

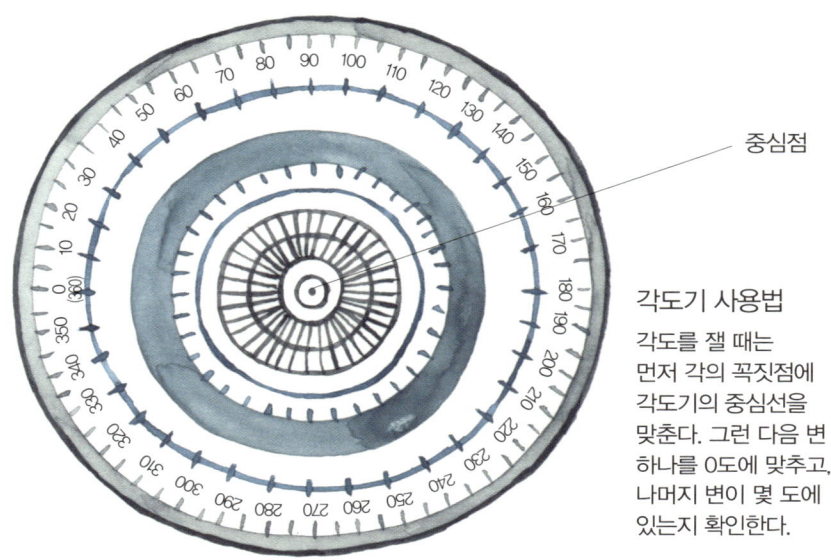

중심점

각도기 사용법

각도를 잴 때는 먼저 각의 꼭짓점에 각도기의 중심선을 맞춘다. 그런 다음 변 하나를 0도에 맞추고, 나머지 변이 몇 도에 있는지 확인한다.

그럼 각도기를 이용해서 악어가 벌린 입의 각도를 재어 볼까요?

녹색 악어 입의 각도는 180도, 갈색 악어 입의 각도는 180도의 딱 절반인 90도예요. 90도는 직각이라고도 해요.

지금까지 각에 대해 많이 살펴봤으니 다음 그림에서 각인 것과 각이 아닌 것을 한번 찾아보세요.

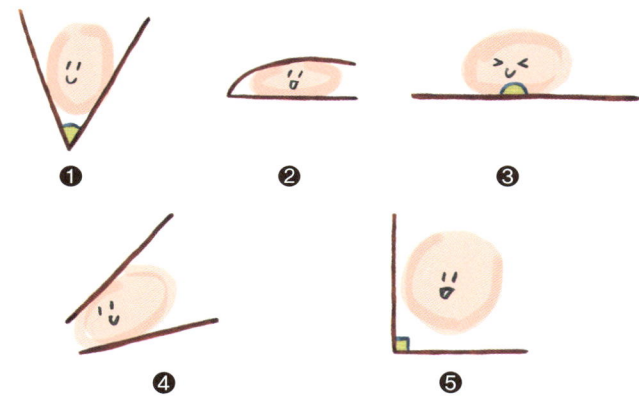

앞에서 각이 되려면 두 직선이 반드시 한 점에서 만나야 한다고 한 거 잊지 않았지요? 그러므로 두 직선이 한 점에서 만나지 않거나 직선이 아닌 곡선으로 이루어진 도형은 각이 아니에요.

❶번과 ❺번은 분명히 각이에요. 직선처럼 보이는 ❸번도 두 직선이 한 점에서 만났으므로 각이고요. 하지만 ❷번은 각이 아니에요. 두 선이 한 점에서 만나기는 했지만, 한 선이 직선이 아니라 곡선이기 때문이지요. 또한 ❹번도 두 직선이 있기는 하지만 한 점에서 만나지 않았으므로 각이 아니에요.

04 직각으로 만나거나 만나지 못하거나

수직과 평행

❓ 아래 그림은 영화 속 한 장면이에요. 다음 중 가장 튼튼하게 서 있는 건물은 무엇일까요?

땅과 수직이 되게 지은 ❶번 건물이 가장 튼튼해요. 건물과 땅이 만나는 각이 직각이어야 건물이 쓰러지지 않고 튼튼하게 서 있을 수 있거든요.

두 직선이 한 점에서 만나면 네 개의 각이 생겨요. 이때 한 각이 직각이면 나머지 각도 직각이에요. 이렇게 두 직선이 만나서 이루는 각이 직각일 때, 두 직선은 서로 '수직'이라고 해요.

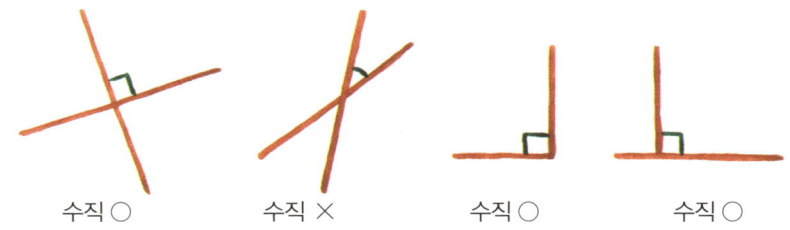

수직 ○   수직 ✕   수직 ○   수직 ○

아리네 마을에서는 기찻길 공사가 한창이에요. 기차가 잘 달릴 수 있으려면 두 선로가 일정한 간격을 두고 계속해서 만나지 않아야 해요. 다음 중 잘못 놓인 선로는 어느 것인가요?

❶   ❷   ❸

두 선로가 만나지 않아야 한다고 했으니 잘못 놓인 선로는 당연히 ❸번이에요.

그런데 잘못 놓인 선로가 하나 더 있어요. 바로 ❶번이에요. ❶번 선로를 조금만 연장해 보세요.

어때요, 서로 만나지요? 이번에는 ❷번 선로를 연장해 볼게요.

❷번 선로는 아무리 연장해도 절대 만나지 않아요. 이렇게 ❷번 선로처럼 두 직선이 서로 만나지 않을 때 평행이라고 해요. 이때 평행인 두 직선은 '평행선'이라고 해요.

05 삼각형은 각도, 변도, 꼭짓점도 모두 셋이에요

삼각형

❓ 다음 도형들을 잘 보고, 공통점을 찾아보세요.

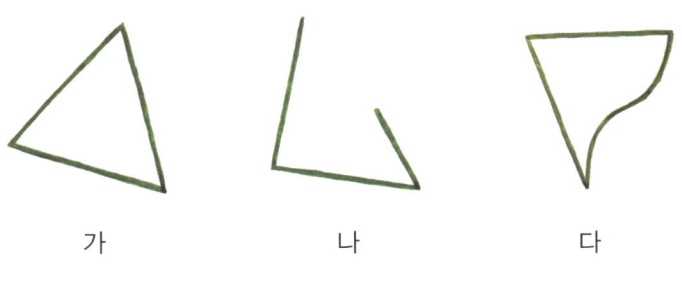

가　　　　나　　　　다

　도형 가, 나, 다는 모두 선이 3개예요. 그중 도형 가와 나는 3개의 선이 모두 선분이고, 도형 가와 다는 3개의 선이 모두 만난다는 공통점이 있어요.

　그렇다면 세 도형 중에서 삼각형은 어느 것일까요? 선분 3개로 둘러싸인 도형을 삼각형이라고 하니까, 반듯한 3개의 선분이 만난

도형 가만 삼각형이에요.

　도형 나는 선분은 3개이지만 3개의 선분이 만나지 않았기 때문에 삼각형이 아니고, 도형 다는 3개의 선이 모두 만나지만 선 하나가 직선이 아니라 곡선이어서 삼각형이 아니에요.

　삼각형은 선분 3개로 둘러싸인 도형이에요.

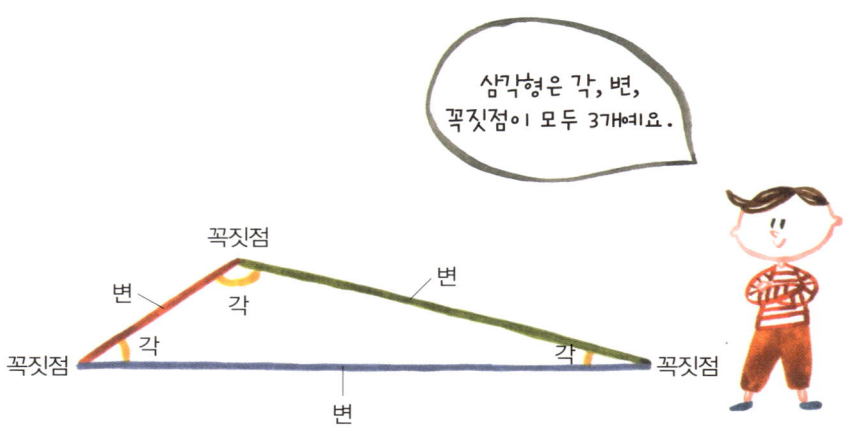

　삼각형은 선분과 선분이 만나는 곳마다 각이 생겨요. 삼각형은 각이 셋이에요. 또 우리는 삼각형의 선분을 '변'이라고 해요. 삼각형의 변들이 만나는 점은 '꼭짓점'이라고 하고요. 그래서 삼각형은 각도 셋, 변도 셋, 꼭짓점도 셋이에요.

그럼 아래에 있는 막대 3개로 삼각형을 만들 수 있을까요?

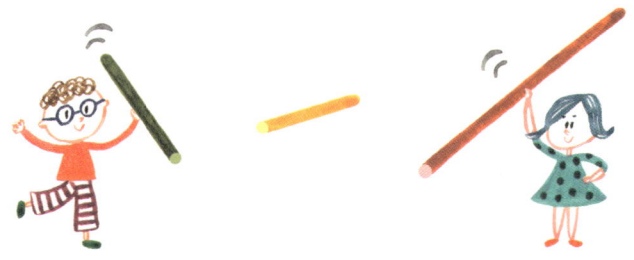

선분이 3개 있으니 당연히 삼각형을 만들 수 있다고요? 그렇지 않아요. 선분이 3개 있다고 무조건 삼각형을 만들 수 있는 건 아니에요.

주어진 막대로 이렇게 저렇게 아무리 연결해 보아도 삼각형을 만들 수는 없어요. 삼각형이 되려면 3개의 선분이 서로 맞닿아서 면을 만들어야 하거든요. 면을 만들지 못하면 그것은 삼각형이 될 수 없어요. 면을 만들기 위해서는 삼각형의 어느 두 변의 길이를 더하더라도 나머지 한 변의 길이보다 길어야 하지요.

그렇다면 어떻게 해야 주어진 막대 3개로 삼각형을 만들 수 있을까요? 노란 막대나 초록 막대를 조금 더 늘려서 맞닿게 하면 삼각형을 만들 수 있어요.

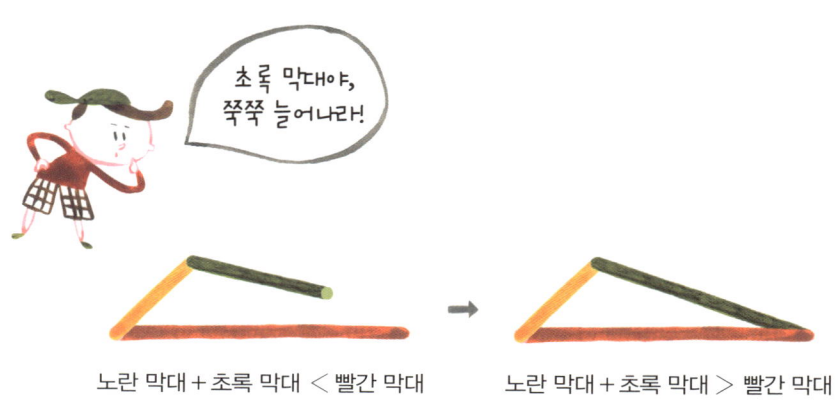

노란 막대 + 초록 막대 < 빨간 막대   노란 막대 + 초록 막대 > 빨간 막대

여기는 삼각형 백화점이에요. 직원들이 모두 삼각형이지요. 삼각형 백화점의 직원들은 친절하기로 유명해요. 언제나 양손을 모으고 고개를 숙이며 이렇게 인사하거든요.

"반갑습니다, 고객님."

이등변삼각형   ▲+★+▲=180도

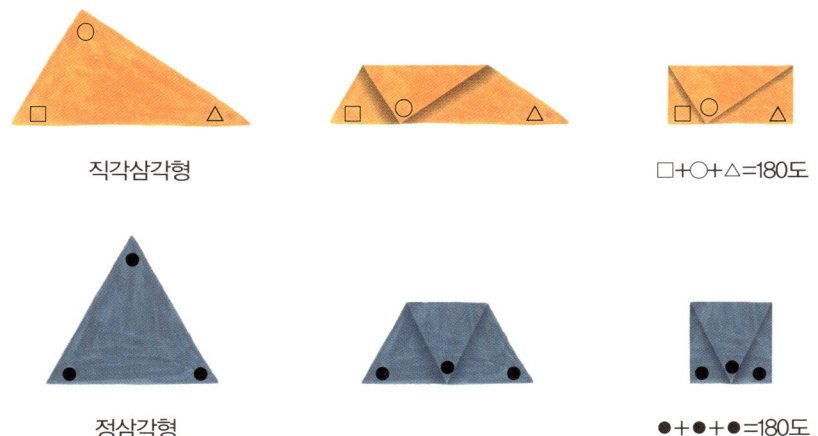

두 변의 길이가 같은 이등변삼각형도, 한 각이 직각인 직각삼각형도, 세 변의 길이가 같고 세 각의 크기가 같은 정삼각형도 모두 세 각을 모으면 180도가 돼요. 즉 모든 삼각형은 세 각의 크기를 더하면 180도가 돼요.

06 셋 이상의 선분으로 둘러싸인 도형

다각형

❓ 다음 그림 중 다각형은 어느 것일까요?

무엇을 다각형이라고 할까요? 다각형이란 3개 이상의 선분으로 둘러싸인 평면도형을 말해요. 그럼 이제 다각형을 찾아볼까요?

🟡는 척 봐도 다각형인 것 같죠? 그럼 🔺는 어때요? 삐뚤빼뚤 못생긴 🔺도 다각형이에요. 반면 🔴은 선분이 아니라 곡선으로 둘러싸여 있어서 다각형이 아니고, △은 모두 선분으로 이루어져 있기는 하지만 둘러싸여 있지 않아서 다각형이 아니에요.

어느 마을에 '평면도형이 열리는 나무'라고 하는 신기한 나무가 있었어요. 나무에 열리는 열매가 모두 평면도형이어서 이런 이름을 붙였대요.

하루는 원숭이 한 마리가 나타나서 "난 곡선이 너무 좋아. 곡선이 들어 있는 평면도형만 모두 가져가야지."라고 말하고는 곡선이 있는 도형을 모두 따서 달아났어요. 그리고 다음 날에는 "난 선분으로 둘러싸여 있지 않은 도형이 너무 좋아. 선분으로 둘러싸여 있지 않은 도형만 모두 가져가야지."라고 말하고는 이 도형을 모두 따서 달아났어요.

그때부터 사람들은 더 이상 이 나무를 '평면도형이 열리는 나무'라고 부르지 않았어요.

그러면 사람들은 이 나무를 뭐라고 불렀을까요? 나무에 남아 있는 열매들을 한번 보세요. 모두 3개 이상의 선분으로 둘러싸인 평면도형이에요. 그래서 사람들은 이 나무를 '다각형이 열리는 나무'라고 불렀대요.

무도회장에서 여러 가지 모양의 다각형들이 짝을 지어 춤을 추고 있어요. 4개의 선분으로 둘러싸인 사각형, 5개의 선분으로 둘러싸인 오각형, 6개의 선분으로 둘러싸인 육각형……. 다각형들은 어떤 기준으로 둘씩 짝을 지은 걸까요?

무도회장에 있는 다각형들은 변의 개수가 같은 것끼리 짝을 지은 거예요. 사각형은 사각형끼리, 오각형은 오각형끼리…… 이런 식으로 말이에요.

그런데 우리가 평소 잘 보지 못했던 도형들이 있어요. 안으로 움푹 들어간 이상한 모양의 도형들을 하나씩 살펴보아요.

▲는 변이 4개이므로 사각형이고, ◥는 변이 5개이므로 오각형이고, ▲는 변이 6개이므로 육각형이고, ▲는 변이 7개이므로 칠각형이에요. 모두 다각형이라고 하는데 안으로 움푹 들어간 도형이라서 '오목다각형'이라고 해요. 우리가 자주 보는 바깥쪽으로 퍼지는 도형은 '볼록다각형'이라고 해요. 바깥쪽으로 볼록볼록 튀어나왔잖아요. 아래에 있는 도형들처럼 말이에요.

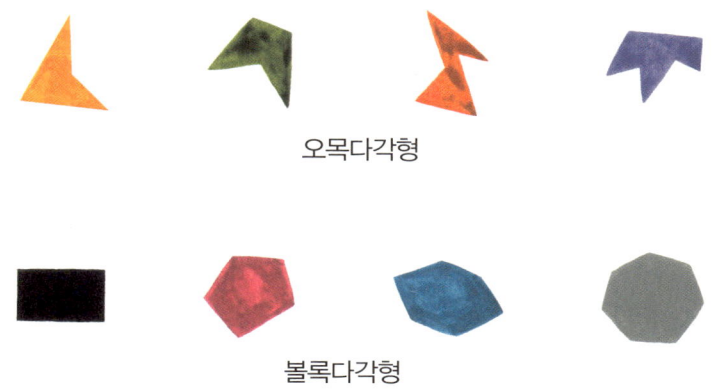

오목다각형

볼록다각형

오목다각형과 볼록다각형은 모두 다각형이에요. 그런데 다각형 중에서도 변의 길이가 모두 같고, 각의 크기도 모두 같은 다각형이 있어요. 우리는 이런 다각형을 '정다각형'이라고 불러요. 변의 개수에 따라 정삼각형, 정사각형, 정오각형……이라고 하지요.

이때 변의 개수가 점점 많아지면 많아질수록 원에 가까워져요.

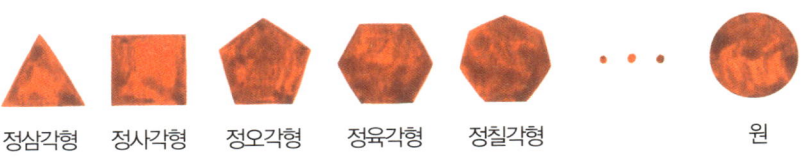

정삼각형   정사각형   정오각형   정육각형   정칠각형   원

07 사각형의 종류는 여러 가지예요

사각형의 종류

❓ 지오네 집 거실에는 사각형 모양의 물건이 여러 개 있어요. 지오와 함께 모양이 사각형인 물건을 찾아보세요.

액자, 창문, 메트로놈, 옷걸이, 블록은 사각형 모양이에요. 그런데 이 물건들은 모두 사각형이기는 하지만 모양이 같지는 않아요. 이렇게 사각형의 종류는 여러 가지예요.

액자, 창문, 블록처럼 네 각이 모두 직각이고 마주 보는 두 변의 길이가 서로 같은 사각형을 '직사각형'이라고 해요.
　이 직사각형 중에서 네 변의 길이가 모두 같은 사각형은 '정사각형'이라고 해요.

　창문은 직사각형이고, 액자는 정사각형이에요. 한편 벽에 걸린 옷걸이처럼 네 변의 길이가 모두 같은 사각형은 마름모라고 해요. 그럼 메트로놈처럼 생긴 사각형의 이름은 무엇일까요? 메트로놈은 위의 짧은 변과 아래의 긴 변이 평행해요. 이렇게 마주 보는 변 중에서 평행한 변이 한 쌍 있는 사각형을 사다리꼴이라고 해요. 마주 보는 변 중에서 평행한 변이 두 쌍 있는 사각형은 평행사변형이라고 하고요.

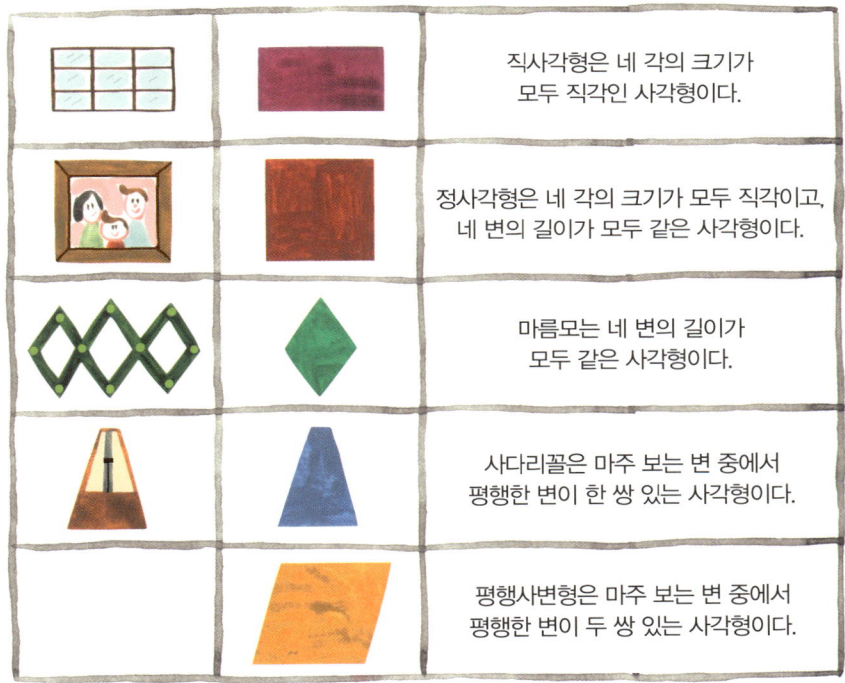

이렇게 사각형은 직사각형, 정사각형, 사다리꼴, 평행사변형, 마름모 등 종류가 여러 가지예요.

08 사각형을 같은 종류끼리 나누어요

사각형의 분류

❓ 모양이 다른 세 도형이 모두 자기가 사다리꼴이라고 주장하고 있어요. 진짜 사다리꼴은 누구일까요?

사실은 세 도형 모두 사다리꼴이에요. ◆는 사각형이고 사다리꼴이고 평행사변형이고 마름모예요. ■은 사각형이고 사다리꼴이고 평행사변형이고 직사각형이고요. ▲은 사각형이고 사다리꼴이에요. 그러니까 모두 사다리꼴인 거예요.

여기 여러 가지 모양의 사각형이 있어요. 모두 4개의 각과 4개의 변을 가지고 있지요.

그런데 모양은 조금씩 달라요. 두 변이 꼭짓점에서 만난 각도와 변의 길이가 각각 다르기 때문이에요. 만약 두 변이 꼭짓점에서 만난 각도와 변의 길이가 같다면 생김새도 모두 똑같았을 거예요.

사각형 친구들이 이름 나라로 모험을 떠나기로 했어요. 이름 나라에서는 한 관문을 통과할 때마다 새로운 이름이 하나씩 더 생겨요. 모든 관문을 통과한 뒤 누가 어떤 이름을 획득했을지 알아보세요.

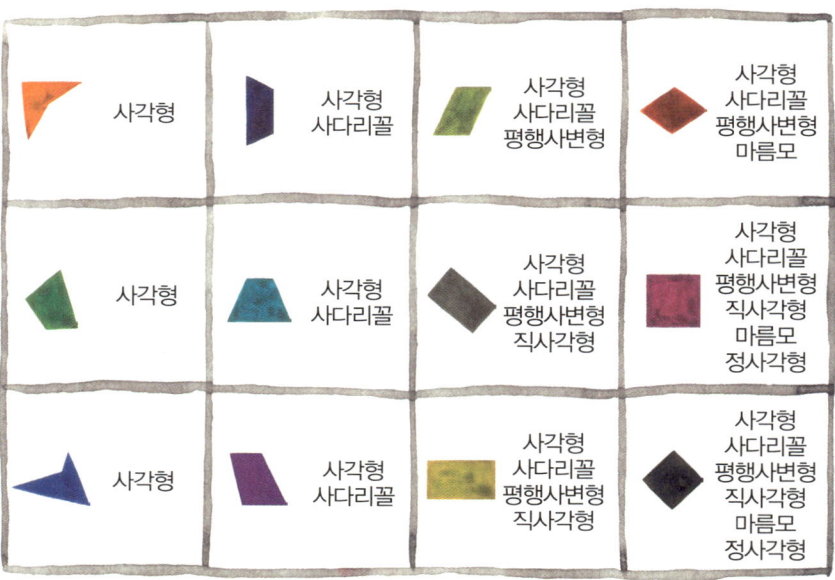

사각형 중에서 가장 많은 이름을 가진 사각형은 ■과 ◆이에요. 이 둘은 정사각형이고 마름모이고 직사각형이고 평행사변형이고 사다리꼴이고 사각형이지요.

모험을 마친 사각형들이 사각사각 호텔에서 쉬기로 했어요. 사각사각 호텔의 주인은 사각형들에게 다음과 같이 방을 내 주었어요. 그러자 정사각형이 투덜대며 말했어요.

"왜 제 방이 제일 작아요?"

그러자 호텔 주인이 말했어요.

"사실 정사각형의 방이 제일 큰 것과 다름없어요. 정사각형은 어

느 방에나 다 들어갈 수 있으니까요. 직사각형의 방, 마름모의 방, 평행사변형의 방, 사다리꼴의 방까지 모두 들어갈 수 있지요. 하지만 마름모, 직사각형, 평행사변형, 사다리꼴은 정사각형의 방에 들어올 수 없답니다."

그제야 정사각형은 고개를 끄덕거리며 기분 좋은 표정으로 자기 방으로 들어갔답니다.

09 도형은 서로 마주 보기도 해요

대칭

❓ 다음은 민우가 거울을 이용해 만든 모습들이에요. 민우는 각각 어디에 거울을 놓았을까요?

폴짝 점프를 하거나 머리가 둘인 괴물 같은 이 우스꽝스러운 모습들은 모두 민우가 거울을 이용해 만든 모습들이에요. 반쪽은 원래 민우의 모습이고, 다른 반쪽은 거울에 비친 민우의 모습이에요. 두 모습이 합쳐져서 이런 재미있는 모습이 나온 거지요.

민우가 거울을 놓은 위치는 다음과 같아요.

여러분도 민우처럼 거울 놀이를 해 보세요. 정말 재미있는 시간을 보낼 수 있을 거예요. 그런데 이 재미있는 거울 놀이 속에는 수학 원리가 들어 있어요. 바로 '대칭'이라는 개념이에요.

대칭에서 대(對)는 '마주 보다', 칭(稱)은 '거울'이라는 뜻이에요. 즉, 대칭이란 '거울 앞에서 마주 보다.'라는 뜻이지요. 어떤 두 도형이 마치 거울 앞에서 마주 보고 있는 것처럼 놓여 있다는 데서 나온 말이에요.

대칭에는 선대칭과 점대칭이 있어요. 먼저 선대칭에 대해 알아볼게요.

지오와 아리가 미술 시간에 데칼코마니를 배우고 있어요. 데칼코마니는 종이 위에 그림물감을 칠하고 반으로 접거나 다른 종이를 덮어 찍어 내는 거예요. 그러면 서로 대칭을 이루는 무늬가 만들어져요.

이렇게 어떤 직선을 중심으로 완전히 겹쳐지는 도형을 선대칭 도형이라고 하고 그 직선을 대칭축이라고 해요.

대칭축   대칭축

선대칭 도형은 우리 주변에서 쉽게 찾을 수 있어요. 나비와 잠자리도 선대칭 도형이라고 할 수 있어요. 둘의 날개를 몸통을 중심으로 접으면 마치 날개가 한 장인 것처럼 완전히 겹쳐져요.

대칭축   대칭축

또 종이와 가위만 있으면 얼마든지 선대칭 도형을 만들 수도 있어요. 먼저 종이를 반으로 접은 다음, 그림과 같이 나비를 반쪽만 그리고 오려 내요. 이때 오려 낸 나비 모양도 접은 선을 중심으로 완전히 겹쳐지는 선대칭 도형이에요.

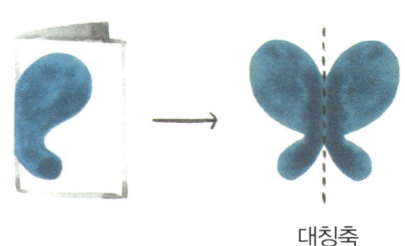

대칭축

이번에는 점대칭에 대해 알아볼게요.

집에 돌아온 지오와 아리가 맛있는 어묵 꼬치를 만들어요. 어묵을 꼬챙이에 꽂고 앞면을 구운 다음 반 바퀴 돌려서 뒷면을 구워요. 노릇노릇하게 구워지면 어묵 꼬치를 냠냠 맛있게 먹어요.

●모양과 ■모양을 반 바퀴 돌리면 처음과 같은 모양이 돼요. 하지만 ▲모양을 반 바퀴 돌리면 ▼모양으로 변해요. 이렇게 한 점을 중심으로 180도 돌렸을 때 처음 도형과 완전히 겹쳐지는 도형을 점대칭 도형이라고 해요.

바람이 불면 뱅글뱅글 돌아가는 바람개비, 태극기에 그려진 태극 무늬도 점대칭 도형이에요.

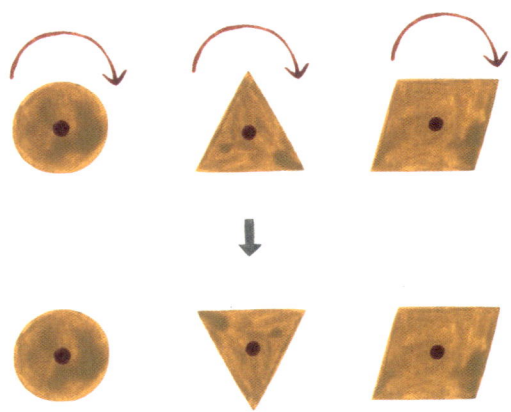

이번에는 우리가 사용하는 숫자 0부터 9까지 중에서 선대칭이 되는 것과 점대칭이 되는 것을 찾아볼까요?

선대칭이 되는 숫자는 0, 1, 3, 8이에요. 다음 그림에 표시한 선을 중심으로 접으면 완전히 겹쳐져요.

점대칭이 되는 숫자는 0, 1, 8이에요. 다음 그림에 표시한 점을 중심으로 180도 돌리면 처음 모양과 완전히 포개어져요.

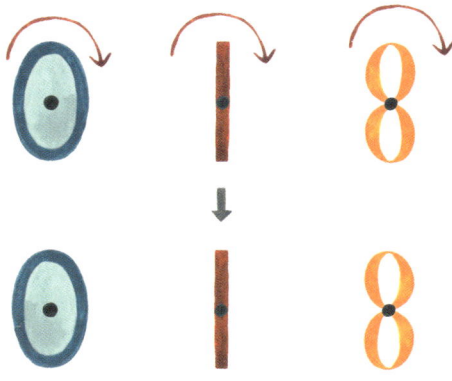

이제 선대칭 도형과 점대칭 도형이 무엇인지 확실히 알겠죠?

10

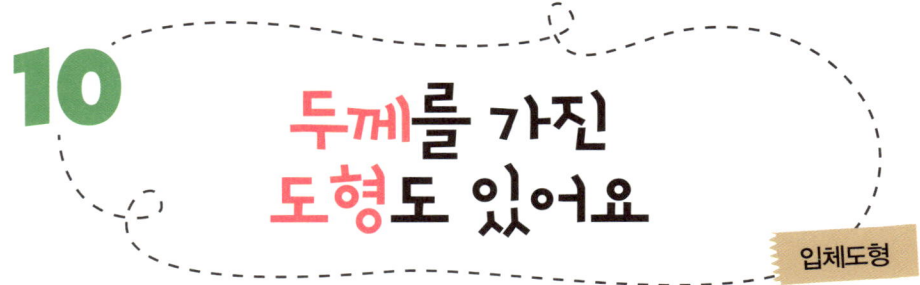

입체도형

❓ 다음 도형들 중에서 두께를 가진 도형은 어느 것인가요?

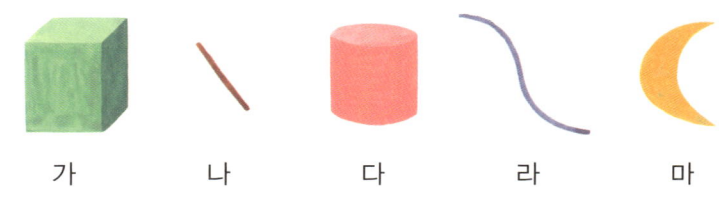

가　　　나　　　다　　　라　　　마

두께를 가진 도형은 가와 다예요. 나와 라는 길이는 있지만 두께는 없고, 마는 넓이는 있지만 두께는 없어요. 이렇게 가와 다처럼 두께를 가진 도형을 입체도형이라고 해요.

도형 마을에는 기둥네 집, 뿔네 집, 구네 집이 있어요.
　기둥네 집에는 여러 기둥들이 모여 살아요. 기둥은 밑면이 2개이고, 두 밑면은 서로 평행해요.

원기둥   삼각기둥   사각기둥

기둥들은 이 밑면의 모양에 따라 이름이 달라져요. 밑면의 모양이 원이면 원기둥, 삼각형이면 삼각기둥, 사각형이면 사각기둥이라고 해요.

뿔네 집에는 여러 뿔들이 모여 살아요. 뿔은 밑면이 1개이고, 밑면과 수직인 뾰족한 꼭짓점이 1개 있어요.

삼각뿔   사각뿔   원뿔

뿔도 밑면의 모양에 따라 이름이 달라져요. 밑면의 모양이 삼각형이면 삼각뿔, 사각형이면 사각뿔, 원이면 원뿔이라고 해요.

한편 구네 집에는 구 혼자 살아요. 구는 밑면도 옆면도 없어요. 시작도 끝도 알 수 없는 곡면으로 이루어져 있어서 어느 쪽에서 보아도 원 모양이지요.

다른 도형 친구들은 구를 보고 가장 완벽한 도형이라고 해요. 그래서 구는 혼자라도 외롭지 않대요.

이렇게 입체도형에는 기둥, 뿔, 구 세 가지 종류가 있어요.

11 입체도형을 펼치면 평면에 모양이 생겨요

입체도형의 전개도

❓ 주어진 조각을 모두 사용하여 입체도형을 만들려고 해요. 만들 수 있는 입체도형은 어느 것인가요?

 삼각기둥   사각기둥

 삼각뿔   사각뿔

주어진 조각을 모두 사용해서 만들 수 있는 입체도형은 사각뿔이에요. 사각형을 밑면으로 하고 나머지 삼각형 4개를 옆면으로 하면 사각뿔이 되니까요.

루루가 멋진 선물 상자를 만들려고 해요. 루루는 준비한 종이 위에 정사각형 6개를 그리고 가위로 예쁘게 잘랐어요. 이제 6개의 정사각형을 붙이기만 하면 금방 멋진 상자가 완성될 거예요. 그런데 상자 만들기는 생각처럼 쉽지 않았어요.

아니 그런데 이게 어떻게 된 일이죠? 맞은편에 앉은 도도는 종이 위에 정사각형을 붙여서 그리고 가위로 쓱싹쓱싹 잘라 척척 접더니 금세 상자 하나를 뚝딱 만드는 거예요.

도도가 그린 그림

'아니, 세상에 이럴 수가!'

루루는 도도의 방법을 보고 깜짝 놀랐어요.

'나도 도도와 같은 방법으로 만들면 상자를 쉽게 만들 수 있을 거야.'

루루는 도도처럼 종이 위에 정사각형들을 붙여서 그렸어요. 그러고는 가위로 오린 다음 종이를 접어 상자를 만들기 시작했지요. 하지만 이번에도 루루는 상자를 만들 수가 없었답니다.

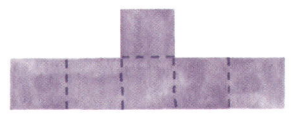

루루가 그린 그림

도도와 루루가 정사각형들을 붙여서 그린 그림을 전개도라고 해요. 전개도는 입체도형을 펼쳐서 평면에 그린 그림이에요. 즉 전개도는 평면도형을 입체도형으로, 입체도형을 평면도형으로 바꿔 줘요. 접으면 입체도형이 되고, 펼치면 평면도형이 되지요.

그런데 왜 루루의 전개도로는 상자를 만들 수 없었을까요? 상자를 만들 수 있는 건 도도의 전개도뿐이기 때문일까요? 그건 아니에요. 상자를 만들 수 있는 전개도는 여러 가지가 있어요.

다음 전개도를 보면서 상자를 만들 수 있는 전개도는 무엇이고, 상자를 만들 수 없는 전개도는 무엇인지 알아맞혀 보세요. 직접 종이에 여러 가지 전개도를 그린 다음 오려서 접어 보면 상자를 만들 수 있는 전개도를 좀 더 쉽게 찾을 수 있을 거예요.

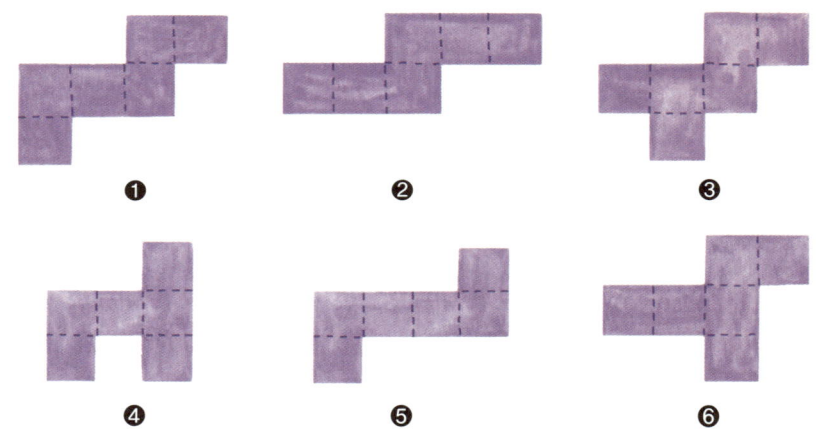

정답 ❹번 전개도로는 상자를 만들 수 없어요.

58

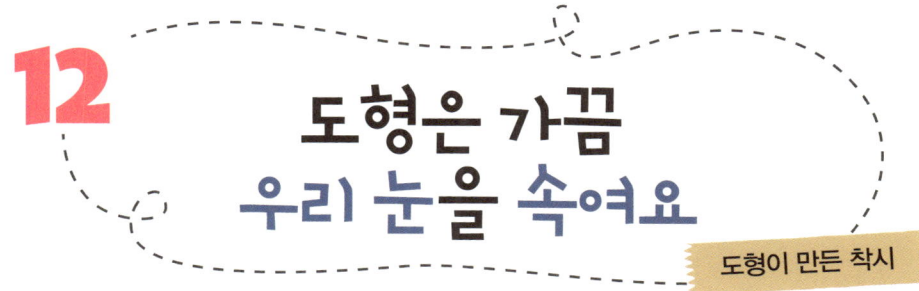

❓ 두 선분 중 어느 것이 더 긴가요?

당연히 가 선분이 더 긴 것 같다고요? 과연 그럴까요? 자로 직접 재어 보면 둘 다 3센티미터라는 걸 확인할 수 있어요.

그런데 왜 가 선분이 나 선분보다 더 길어 보이는 걸까요? 그건 화살표의 머리 방향 때문에 우리 눈이 착각한 거예요. 이처럼 우리 눈에서 일어나는 착각 현상을 '착시'라고 해요. 착시가 일어나면 선이나 모양이 다르게 보이기도 하고, 원근감이 생기기도 해요.

그럼 지금부터 도형이 만든 여러 가지 착시의 예를 함께 살펴볼까요?

원으로 둘러싸인 가운데 두 원 중 어느 것이 더 커 보이니?

왼쪽에 있는 원이 더 커보인다고요? 하지만 원으로 둘러싸인 가운데 원은 둘 다 같은 크기예요. 작은 원들로 둘러싸이면 가운데 원이 상대적으로 더 커 보이고, 큰 원들로 둘러싸이면 가운데 원이 상대적으로 더 작아 보여요. 그래서 왼쪽에 있는 원이 오른쪽에 있는 원보다 더 크게 느껴지는 거예요.

전자 게임 중에 팩맨이라는 것이 있어요. 나 처럼 생긴 팩맨이 미로 속에서 괴물을 피하며 먹이를 먹는 게임이에요. 위의 두 그림은 이 게임에 등장하는 팩맨을 3개 또는 4개 붙여 놓은 거예요. 팩맨을 3개 붙여 놓으면 가운데 정삼각형이 나타나고, 4개 붙여 놓으면 가운데 정사각형이 나타나요.

　나란한 두 선은 가운데가 볼록한 곡선으로 보이지만 실제로는 평행한 직선이에요. 두 직선 사이에 있는 다른 선들 때문에 우리 눈이 착각해서 볼록해 보이는 거예요.

　이렇게 도형의 크기, 방향, 각도 등이 실제와 다르게 보이는 경우는 이외에도 아주 많아요. 착시에 대해 배우고 나니 보이는 대로 믿지 말아야겠다는 생각이 들지 않나요?

13 자연 속에 도형이 숨어 있어요

자연 속 도형

❓ 아래에 있는 꽃에서 어떤 도형을 찾을 수 있나요?

사마귀풀꽃   나팔꽃   코스모스

사마귀풀꽃은 삼각형, 나팔꽃은 정오각형, 코스모스는 팔각형 모양의 꽃을 피워요. 이처럼 식물의 잎이나 꽃의 모양을 자세히 살펴보면 삼각형, 사각형, 오각형 같은 여러 가지 다각형을 찾아낼 수 있어요.

꽃잎이 3장인 사마귀풀꽃은 360도가 3부분으로 나누어져 있으므로 중심각이 120도인 정삼각형 모양이에요. 또 꽃잎이 5장인 나

팥꽃은 360도가 5부분으로 나누어져 있으므로 중심각이 72도인 정오각형 모양이에요. 꽃잎이 8장인 코스모스는 360도가 8부분으로 나누어져 있으므로 중심각이 45도인 팔각형 모양이고요. 아래 그림을 보면 꽃에서 도형을 확실히 찾아낼 수 있을 거예요.

또 이 꽃들을 잘 살펴보면 대칭을 찾을 수도 있어요. 대칭축을 중심으로 반으로 접으면 완벽하게 겹쳐지지요.

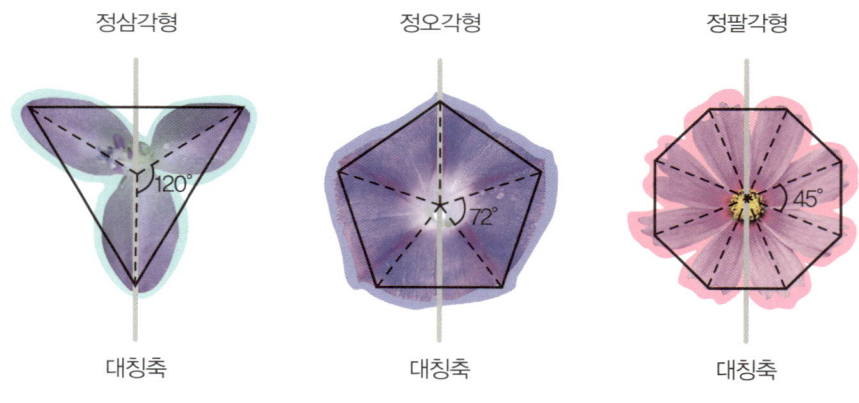

꽃에서만 도형을 찾을 수 있는 건 아니에요. 식물의 잎에서도 도형을 찾을 수 있어요. 다음은 둥근잎나팔꽃과 제비꽃의 잎이에요. 모두 잎이 좌우 대칭이 뚜렷한 하트 모양이에요.

둥근잎나팔꽃의 잎

제비꽃의 잎

이처럼 자연에서 여러 가지 도형들을 찾아낼 수 있어요. 우리 친구들 주변에는 어떤 도형들이 있나요? 지금 밖으로 나가서 한번 찾아보세요.

다음 그림 속에 어떤 도형이 숨어 있는지 찾아보는 것도 좋아요.

자연 속에 도형이 숨어 있어요 ● 65

14 그림 속에 도형이 숨어 있어요

예술 속 도형

❓ 이 그림에는 다른 그림과 다른 특별한 점이 하나 있어요. 그림을 잘 보고 특별한 점이 무엇인지 알아맞혀 보세요.

이 그림은 프랑스의 화가 쇠라가 그린 〈그랑드 자트 섬의 일요일 오후〉라는 작품이에요. 다른 그림처럼 선을 그리거나 칠해서 면을

채우지 않고 수없이 많은 점을 찍어서 완성시킨 특별한 그림이지요. 이렇게 색이 다른 점을 수없이 찍어서 그린 그림을 점묘화라고 해요.

점묘화는 일일이 점을 찍어서 그림을 그리기 때문에 다른 그림에 비해 완성하기까지 오랜 시간이 걸려요. 하지만 그림을 매우 자세히 그릴 수 있다는 장점이 있어요. 수학에서 대단히 중요한 역할을 하는 점이 미술 작품에서도 큰 역할을 하네요.

러시아의 화가 칸딘스키가 그린 〈컴포지션 8〉이라는 작품에서도 도형을 찾을 수 있어요. 잘 살펴보면 지금까지 배운 점, 직선, 곡선, 삼각형, 사각형, 원, 각 등을 모두 찾을 수 있을 거예요. 칸딘스키는 이처럼 여러 가지 도형을 이용해 그린 작품들을 많이 남겼어요. 그래서 사람들은 칸딘스키를 현대 추상 미술의 선구자라고 불러요. 색채, 선, 면 등 순수한 조형 요소만으로도 감동을 줄 수 있다고 말한 그는 수학을 사랑한 예술가임이 분명해요.

네덜란드의 화가 몬드리안도 칸딘스키와 함께 추상 미술의 선구자로 불렸어요. 칸딘스키가 여러 가지 도형을 모두 이용했다면, 몬드리안은 직선과 사각형만을 이용해 그림을 그렸어요.

위 그림은 〈빨강 노랑 파랑의 구성〉이라는 작품이에요. 검은색 직선을 그어 만들어진 사각형에 빨강, 노랑, 파랑의 삼원색을 칠해 완성한 작품이지요. 직선과 사각형만으로도 충분히 아름답다는 느낌을 주는 멋진 작품이에요.

이렇게 도형은 수학뿐만이 아니라 아름다움을 표현하기 위한 도구로도 사용되고 있어요.

15

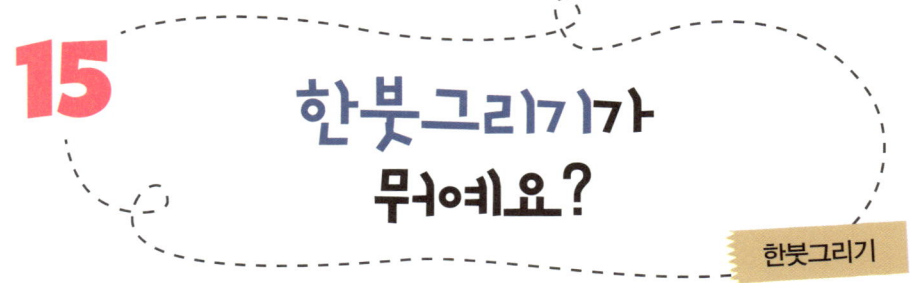

한붓그리기가
무어예요?

한붓그리기

❓ 연필을 떼지 않고 맛있는 별사탕과 케이크를 그려 보세요.
(단, 모든 선은 한 번씩만 지나갈 수 있어요.)

연필을 떼지 않고 한 번에 그리기에 성공했나요? 이렇게 연필을 떼지 않고 모든 선을 한 번씩만 지나도록 그림을 그리는 것을 '한붓그리기'라고 해요.

옛날 동프로이센의 수도 쾨니히스베르크라는 곳에는 다음과 같이 7개의 다리가 있었어요.

사람들은 "같은 다리를 두 번 건너는 일 없이 7개의 다리를 꼭 한 번씩만 건너서 마을 전체를 산책할 수 있을까?" 하고 궁금해했어요. 그들은 일일이 건너 보기도 하고 그림을 그려 보기도 했지만, 다리를 한 번씩 건너서 마을 전체를 산책할 수 있는 방법을 찾을 수는 없었어요. 그렇다고 몇 가지 경우를 시도해 본 것만으로 이것이 불가능하다고 결론지을 수도 없었지요.

그런데 그때 스위스의 수학자 오일러가 "같은 다리를 두 번 건너는 일 없이 꼭 한 번씩만 건너서 산책하는 것은 불가능하다."라고 말했어요. 오일러는 어떻게 이런 결론을 내릴 수 있었을까요?

오일러는 강에 의해 4부분으로 나누어지는 땅을 점으로 생각하여 꼭짓점 ㄱ, ㄴ, ㄷ, ㄹ이라고 나타내고, 7개의 다리를 네 꼭짓점을 연결하는 선으로 생각하여 다음과 같이 그렸어요.

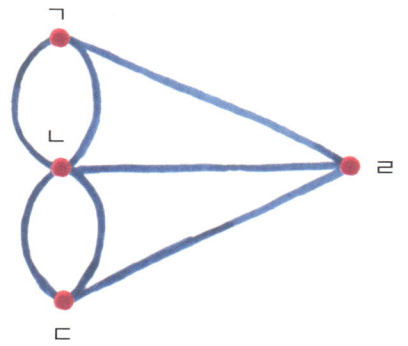

그림을 보면 다리 건너기 문제는 결국 한붓그리기 문제와 같다는 걸 알 수 있어요. 그러니까 오일러는 한붓그리기가 불가능하니 다리 건너기도 불가능하다고 말한 거예요.

위의 그림이 한붓그리기가 가능한 거라면 시작점과 끝점이 있고,

이 두 점 이외의 점은 모두 통과하는 점이어야 해요. 즉, 다음 그림과 같이 어떤 점이 한붓그리기의 시작점이라면 반드시 그 점에서 나가야 하므로 맨 처음 나가고, 들어왔다 다시 나가고, 다시 들어왔다 나가고…… 몇 번을 반복하든지 들어온 다음에는 반드시 나가야 해요. 그러므로 시작점에 연결된 선의 개수는 항상 홀수예요.

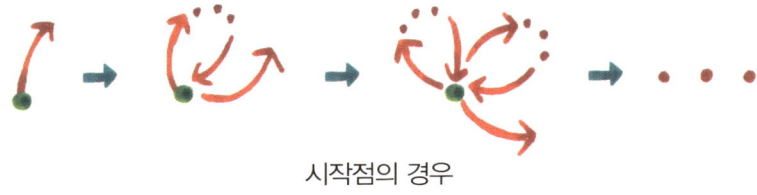

시작점의 경우

끝점의 경우는 시작점과 반대예요. 그 점에서 끝나야 하므로 맨 처음 들어오고, 나갔다 다시 들어오고, 다시 나갔다 들어오고…… 몇 번을 반복하든지 나간 다음에는 반드시 들어와야 해요. 따라서 시작점과 마찬가지로 끝점에 연결된 선의 개수도 홀수가 돼요.

끝점의 경우

만일 시작점과 끝점이 같은 경우에는 그 점에서 나가고 들어오고, 나가고 들어오고……를 반복하게 되어 그 점과 연결된 선의 개수가 짝수가 돼요. 도중에 통과하는 점도 들어오고 나가고를 반복해야 하므로 통과하는 점과 연결된 선의 개수도 항상 짝수예요.

결국 점과 연결된 선의 개수가 홀수인가 짝수인가에 따라 한붓그리기를 할 수 있느냐 없느냐가 결정되는 거예요.

어떤 점에 연결된 선의 개수가 홀수이면 그 점을 홀수점, 짝수이면 짝수점이라고 한다면, 한붓그리기가 가능한 경우는 다음의 두 가지 경우뿐이에요.

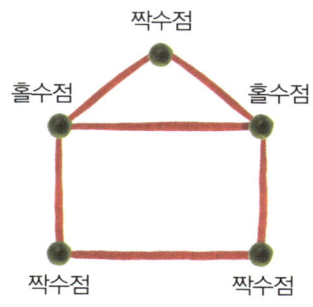

1. 홀수점이 하나도 없는 경우
2. 홀수점이 두 개 있는 경우

이때, 홀수점이 두 개 있는 경우에는 둘 중 하나를 시작점으로 하고 다른 하나를 끝점이 되도록 하면 한붓그리기를 할 수 있어요.

이제 다시 쾨니히스베르크의 다리 건너기 문제로 되돌아가서 홀수점과 짝수점의 개수를 세어 보세요. 꼭짓점 ㄱ, ㄴ, ㄷ, ㄹ이 모두 홀수점이므로 한붓그리기가 불가능하다는 것을 알 수 있어요.

다리를 산책하는 이 평범한 일상 속에서 이런 수학 원리를 찾을 수 있다니 참 놀랍죠? 이제 한붓그리기가 가능한 것과 가능하지 않은 것을 쉽게 찾을 수 있을 거예요.

다음 그림들 중 한붓그리기를 할 수 없는 것이 무엇인지 찾고, 왜 그런지 이유를 말해 보세요.

❶ ❷ ❸ ❹

16 원래 모양과 똑같은 모양으로 나누어요

렙타일

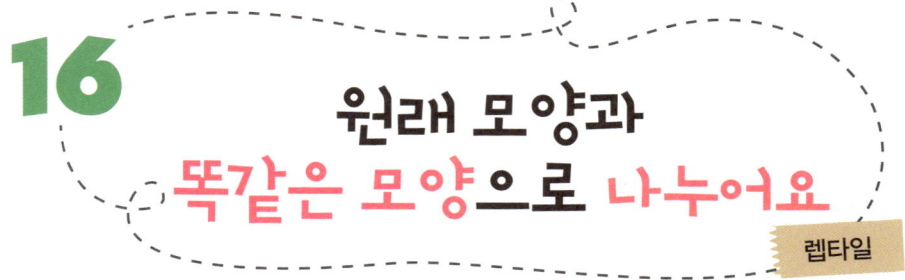

❓ 아래의 세 도형은 원래의 모양과 똑같은 모양으로 4등분할 수 있어요. 어떻게 나누면 되는지 점선으로 표시해 보세요.

원래의 모양과 똑같은 모양으로 n등분할 수 있는 도형을 '렙타일(reptile)'이라고 해요. 영어로 반복을 뜻하는 레플리케이션(replication)의 렙(rep)과 타일을 뜻하는 타일(tile)이라는 단어가 합쳐져서 만들어진 말이에요.

렙타일은 도마뱀 같은 파충류를 가리키는 말이기도 해요. 도형이 원래의 모양과 똑같은 모양으로 나누어지는 것이 도마뱀이 꼬리가 잘려도 똑같이 다시 자라는 것과 비슷하다고 해서 이런 이름을 붙였어요.

그럼 렙타일의 예를 한 번 살펴볼까요? 평행사변형은 다음과 같이 원래의 모양과 똑같은 모양의 평행사변형 4개로 나눌 수 있어요.

또 사다리꼴도 다음과 같이 원래의 모양과 똑같은 모양의 사다리꼴 4개로 나눌 수 있어요.

어때요? 이제 렙타일이 무엇인지 확실히 알겠죠?

17 기하학은 어떻게 시작됐을까요?

기하학의 탄생

❓ 세트와 조세르와 아메스는 이집트의 나일 강 근처에서 농사를 지으며 살았어요. 그런데 어느 날 홍수가 나서 세 친구가 농사짓던 땅의 경계가 사라져 버렸어요. 그들이 원래대로 자기 땅을 찾을 수 있는 방법은 무엇일까요?

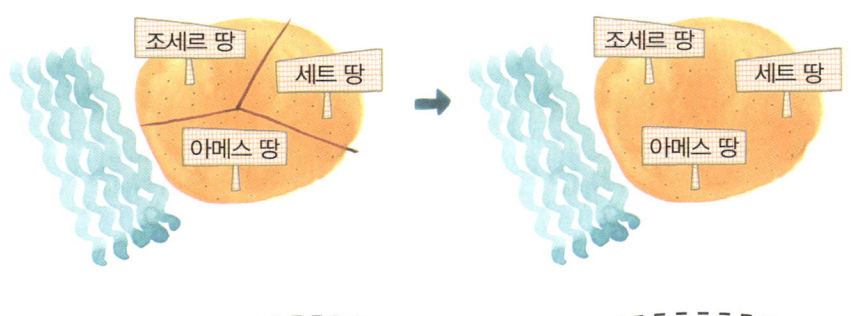

매년 6월이 되면 아프리카의 나일 강 상류에 위치한 우간다와 탄자니아 지방에 큰 비가 내렸어요. 빗물은 나일 강을 타고 흘러내렸고, 하류에 위치한 이집트에 당도할 때쯤에는 물의 양이 엄청나게

불어나서 강물이 범람했어요. 강물이 휩쓸고 간 뒤에는 땅의 경계가 사라져 버렸고, 그 때문에 자신의 땅을 찾으려는 사람들끼리 매년 다툼이 벌어졌지요.

이때 이집트의 신관들은 손쉽게 구할 수 있는 말뚝과 밧줄을 이용해 땅의 크기를 재어, 사람들이 원래대로 땅의 경계를 되찾을 수 있도록 도왔어요.

이렇게 이집트 인들이 여러 모양의 땅 크기를 재던 일은 도형을 다루는 수학인 기하학의 뿌리가 되었어요. 도형과 공간을 다루는

학문인 기하학을 영어로 지오메트리(Geometry)라고 해요. '땅'을 뜻하는 지오(Geo)와 '측정'을 뜻하는 메트리(Metry)가 합쳐져 만들어진 단어이지요.

이렇듯 도형에 대해 연구하는 기하학은 일상에서 시작된 학문이에요. 여러분도 이번 도형 공부를 통해 지금까지 일상생활에서 당연하게 여겼던 것들의 의미를 다시 되새겨 보게 되면 좋겠어요.

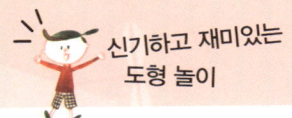

미로 탈출

미로는 한번 들어가면 다시 빠져나오기 어려운 길이에요.
하지만 원리를 알고 나면 생각보다 쉽게 미로를 빠져나올 수 있어요.
미로에서 쉽게 길 찾는 방법을 잘 읽고, 다음 미로를 탈출해 보세요.

 미로에서 쉽게 길 찾는 방법

아무리 복잡한 미로라도 다음과 같은 방법대로 하면
쉽게 길을 찾을 수 있어요.

❶ 3면이 둘러싸인 곳이 있으면 그곳을 지워요.

❷ 지워서 또 3면이 둘러싸인 곳이 생기면 다시 그 곳을 지워요.

❸ 위와 같은 과정을 반복해서 마지막에 남은 길을 따라 가면 돼요.

미로를 탈출하는 길은 미로가 시작하는 지점에서 끝나는 지점까지를 한번에 통과하는 길을 찾는 한붓그리기와 같아.

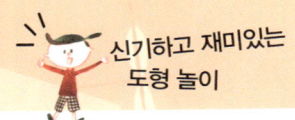 신기하고 재미있는 도형 놀이

칠교놀이

칠교놀이는 칠교판을 이용해 여러 가지 모양을 만드는 놀이예요.
친구들과 칠교판을 만들어 재미있는 칠교놀이를 해 보세요.

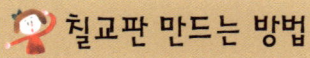 칠교판 만드는 방법

❶ 적당한 크기의 정사각형 종이를 준비해요.

❷ 다음 그림과 같이 7개의 조각으로 나누어요.
 큰 직각삼각형 2개, 중간 크기의 직각삼각형 1개, 작은 직각삼각형 2개,
 정사각형 1개, 평행사변형 1개가 나와요.

아래에 있는 모양들을 참고해서 자기가 만들고 싶은 모양을 자유롭게 만들어 보세요.

부모님께 드리는 글

개념과 원리에 강한 '수학하는 어린이'로 수학의 기본기를 탄탄하게 다져 주세요!

우리는 수학이 가득한 세상에 살고 있습니다. 그리고 우리 아이들은 어렸을 때부터 수학을 배우며 자랍니다. 교구로 놀이를 하면서 공간 감각을 익히고, 계단을 세며 오르내리면서 수 감각을 깨치고, 재미있는 수학 동화를 읽으며 수학에 대한 호기심과 친근함을 얻습니다.

이렇게 즐겁고 생생하게 접했던 수학은 고학년이 되어 숫자와 기호로 가득한 수학 문제들을 만나게 되면서 점점 지루하고 어려운 것으로 바뀌어 갑니다. 그런데 수학은 이야기, 교구, 실생활, 수학 문제 등 다양한 형태로 제시되어도, 기본이 되는 개념과 원리는 항상 같습니다. '수학하는 어린이'는 수학에서 가장 중요한 개념과 원리가 따로 떨어져 있는 것이 아니라 문제 해결, 실생활, 배경지식과 연계되어 있음을 우리 아이들에게 좀 더 친절하게 보여 주고자 합니다.

　먼저 개념을 함축하고 있는 문제를 제시해 아이들의 호기심을 불러일으킵니다. 그런 다음 문제에 담긴 개념을 풀이해 모든 문제는 개념이 바탕이 되어 있다는 것을 환기시킵니다. 마지막으로 다양한 소재의 짧은 에피소드를 통해 개념을 더욱 단단하고 풍부하게 다져 줍니다.

　역사, 문화, 자연 등 다양한 소재와 수학적 문제를 조화롭게 엮어 수학에 대한 흥미와 배경지식을 키워 주고, 수학의 개념과 원리를 쉽고 재미있게 이해할 수 있도록 도와주는 '수학하는 어린이'로 수학의 기본기를 탄탄하게 다질 수 있기를 바랍니다.

수학하는 어린이 ❷ 도형

초판 1쇄 인쇄 2014년 9월 20일 **초판 4쇄 발행** 2022년 1월 31일

글 이광연 **그림** 김성희 **기획** 신미희
펴낸이 이승현

편집3 본부장 최순영 **편집** 김민정 **디자인** 박비주원 서인숙

펴낸곳 ㈜위즈덤하우스 **출판등록** 2000년 5월 23일 제13-1071호
주소 서울특별시 마포구 양화로 19 합정오피스빌딩 17층
전화 02) 2179-5600
홈페이지 www.wisdomhouse.co.kr **전자우편** kids@wisdomhouse.co.kr

ⓒ 이광연, 2014

ISBN 978-89-6247-453-4 74410
ISBN 978-89-6247-429-9(세트)

- 이 책의 전부 또는 일부 내용을 재사용하려면 반드시 사전에 저작권자와
  ㈜위즈덤하우스의 동의를 받아야 합니다.
- 인쇄·제작 및 유통상의 파본 도서는 구입하신 서점에서 바꿔드립니다.
- 책값은 뒤표지에 있습니다.
- 스콜라는 ㈜위즈덤하우스의 아동·청소년 브랜드입니다.